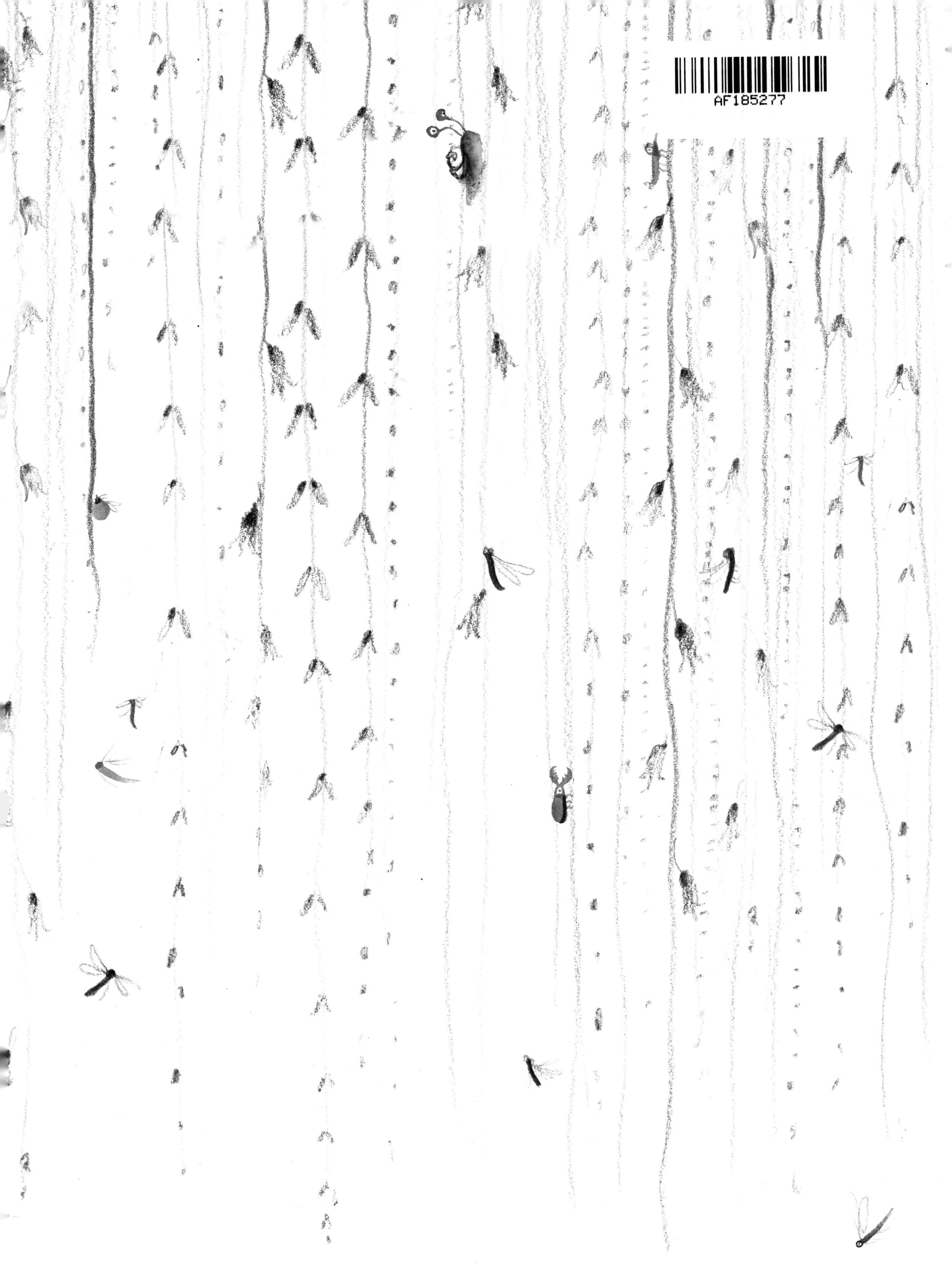

Deutsche Erstausgabe
1. Auflage 2022
© 2022 für die deutsche Fassung
von Hacht Verlag GmbH, Hamburg
Alle Rechte vorbehalten
Aus dem Niederländischen von Kristina Kreuzer
Lektorat: Dr. Angelika Künne
Die Originalausgabe erschien unter dem Titel »Waar is Grote broer?«
bei Lemniscaat, Rotterdam, Niederlande © 2021
Text und Illustrationen © 2021 Linde Faas
Druck und Bindung: Livonia Print, Riga, Lettland
ISBN 978-3-96826-015-0

www.w1-vonhacht.de
www.instagram.com/vonhacht_verlag

MIX
Papier aus verantwor-
tungsvollen Quellen
FSC® C002795

Linde Faas

Wo bist du, Großer Bruder?

Aus dem Niederländischen
von Kristina Kreuzer

Großer Bruder und Kleiner Bruder wohnen zusammen in
einer Blume.
»Du brauchst keine Angst zu haben«, sagt Großer Bruder.
»Die Welt ist viel zu schön, um sich zu verstecken.«
Aber Kleiner Bruder hat gar keine Lust, die Welt zu erkunden.
Er bleibt lieber in seiner Blume. Da ist es sicher und schön.

Als das Summen des Tages verstummt und das Flüstern der
Nacht beginnt, hüpft Großer Bruder auf einen Ast und sagt:
»Ich gehe nach oben, die Sterne angucken. Kommst du mit?«
Aber Kleiner Bruder schüttelt energisch den Kopf. »Das ist
gefährlich! Und es ist dunkel!«
»Dann gehe ich eben allein«, sagt Großer Bruder. »Nur ganz
kurz, ich bin gleich zurück.«

Der Abend wird zur Nacht. Und die Nacht wird sehr dunkel.
Viel dunkler als sonst. Kleiner Bruder wartet. Und wartet.
Und wartet. ›Ganz kurz‹ kann doch wohl nicht so lange dauern?

Als die Sonne wieder aufgeht, zittert und bibbert Kleiner Bruder leise vor sich hin.
Wo ist Großer Bruder? Warum ist er nicht zurückgekommen?
Und dann trifft Kleiner Bruder eine große Entscheidung. Er klettert aus der Blume
heraus und späht nach oben. Vielleicht kann er ja von dort oben Großer Bruder sehen?

›Dort oben‹ ist ein bisschen weiter weg, als
er dachte. Kleiner Bruder kriecht, klettert und
krabbelt den ganzen Weg bis ganz hoch.
Plötzlich bleibt er wie erstarrt stehen.

Wer guckt ihn da so an?
Eine Schlange?
Eine Spinne?
Oder ist es vielleicht etwas
noch viel Unheimlicheres?

Eine Schnecke!
Es ist nur eine Schnecke, die im
Wind hin- und herschaukelt
und etwas schüchtern zu ihm
herüberschaut.
Ob sie Großer Bruder gesehen hat?
Kleiner Bruder würde es wirklich
gern wissen, aber er traut sich nicht,
zu fragen.

Kleiner Bruder klettert weiter. Höher
und höher. Über Glibberzeugs und
Stachelpflanzen. Auf einmal sieht er
etwas Seltsames.
Etwas Gefährliches.
Etwas Scharfes.
Kleiner Bruder ist sich ziemlich
sicher: Es ist ein großes,
gefährliches Gruselmonster.

Vögel!
Es ist eine Gruppe wunderschöner Vögel.
Noch nie hat Kleiner Bruder so viele Farben gesehen.
Sie sind so prächtig, dass er für einen Moment seine
Angst vergisst.
»Habt ihr meinen großen Bruder gesehen?«, fragt
er tapfer.

»Einen großen Froschbruder?«, singen die Vögel.
»Nein, den haben wir nicht gesehen. Aber klettere
ein Stück weiter. Vielleicht können sie dir dort
weiterhelfen.«

Der Wald wird immer seltsamer. Immer
verrückter. Kleiner Bruder weiß nicht mehr,
wo oben und unten ist. Und er weiß nicht, wen
er fragen könnte, wo Großer Bruder ist. Er sieht
hier nur ein großes wolliges Ding. Oder ist
es vielleicht ein grausames wolliges Ding?
Etwas, vor dem man sich lieber in Acht
nehmen sollte? Oder auch nicht?

Ein Bär!
Es ist ein schläfriger Bär, der zwischen den Ästen
kauert und faulenzt.
»Hallo, kleiner Freund«, ertönt seine brummige
Stimme direkt neben ihm. »Ich habe gehört, du bist
auf der Suche nach deinem großen Bruder.«
Kleiner Bruder nickt schüchtern.

»Nur noch ein kleines Stück weiter, dann bist du oben«,
brummt der Bär. »Dort wirst du ihn ganz bestimmt finden.
Du kannst es, kleiner Frosch.«

Es kommt Kleiner Bruder vor,
als würde er fliegen.
Sein Froschherz hüpft wie verrückt.
Nichts kann ihn mehr aufhalten.
Er kann es!

Und dann ist er auf einmal tatsächlich oben. Einfach so.
Ganz oben.
Über den Bäumen.
Über den Tieren.
Über allem, was Kleiner Bruder kennt.
Aber wo ist denn jetzt Großer Bruder?

Erst jetzt sieht Kleiner Bruder, wie groß die Welt ist.
Wie soll er hier nur jemals Großer Bruder wiederfinden?

Aber dann … ein Rascheln in den Blättern, und … jemand springt hervor.
Es ist GROSSER BRUDER! Und er ist jetzt direkt neben ihm.
»Warum bist du nicht zurückgekommen?«, ruft Kleiner Bruder.
Großer Bruder sieht ihn strahlend an: »Weil du dann nie deine Blume
verlassen hättest!«
»Aber ich war ganz allein«, sagt Kleiner Bruder.
»Nein, das warst du nicht«, sagt Großer Bruder. »Ich war die ganze Zeit
bei dir. Ich würde dich doch nicht einfach allein lassen!«

Dann wird es Abend. Am Himmel erscheinen immer mehr Lichter.
»Was ist das?«, flüstert Kleiner Bruder.
»Das sind die Sterne.«
»Schön«, sagt Kleiner Bruder leise.
Still sitzen sie nebeneinander und schauen zu, wie die Sterne am
Himmel funkeln.

Nach einer Weile fragt Großer Bruder: »Sollen wir nach Hause gehen?«
»Nein!«, sagt Kleiner Bruder. »Ich will nichts mehr von der Welt
verpassen. Keinen Tag, keine Nacht und keinen Moment!« Er kuschelt
sich an Großer Bruder. »Solange wir beide zusammen sind.«